SWIL

Gomer

Cyhoeddwyd gyntaf ym Mhrydain yn 1998
gan Wayland Publishers Ltd.,
338 Euston Road, Llundain NW1 3BH
www.waylandbooks.co.uk

Cyhoeddwyd gyntaf yng Nghymru yn 2010
gan Wasg Gomer, Llandysul, Ceredigion SA44 4JL
www.gomer.co.uk

ISBN 978 1 84851 231 3

Noddir y llyfr hwn gan Ranbarth Merched y Wawr, Ceredigion.

Argraffwyd yn China.

Rwy'n SWIL

Karen Bryant-Mole • Mike Gordon
Addasiad Rhian Mair Evans

Gomer

Pan rwy'n swil, rwy'n teimlo fel ...

blodyn sy'n gyndyn o flodeuo ...

cyw bach sy'n cuddio o dan adain ei fam ...

triongl tawel mewn cerddorfa swnllyd.

Pan rwy'n swil …
rwy'n cochi fel tomato …

mae fy nghoesau'n crynu fel jeli …
ac rwy'n teimlo'n dost.

Pan rwy'n swil ...
rwy'n dawel fel llygoden fach ...

ond weithiau pan rwy'n nerfus
rwy'n pwffian chwerthin
ac mae pawb yn syllu arna i wedyn.

Pan fydd athrawes yn gofyn cwestiwn i mi, rwy'n teimlo'n swil.

Beth os dyweda i rywbeth gwirion?
Efallai y bydd pawb yn chwerthin
am fy mhen.

Rwy'n swil wrth actio
yn sioe yr ysgol.

Ond rwy'n teimlo fel seren pan fydd pawb yn curo dwylo!

Weithiau dydw i ddim eisiau chwarae gemau mewn parti achos rwy'n swil.

Ond yn araf bach, rwy'n dechrau teimlo'n well. Rwy'n gweld fy ffrindiau'n cael hwyl, ac yna rydw i eisiau chwarae hefyd.

Rwy'n swil pan rwy'n mynd i weld fy hen fodryb Morfudd.

Ond yna, rydyn ni'n dechrau gwneud cacen i de a dydw i ddim yn teimlo'n swil mwyach.

Mae oedolion yn swil weithiau hefyd.

Pan aeth Mam i barti, roedd hi'n swil achos doedd hi ddim yn adnabod neb yno.

Roedd Dad yn swil
ar ddiwrnod ei briodas
achos roedd e'n gwybod
y byddai pawb yn edrych
arno fe a Mam.

Weithiau mae oedolion yn swil wrth gwrdd â phobl bwysig neu rywun enwog.

23

Pan rwy'n swil, hoffwn i fod
yn ddewin ...

a chael diflannu mewn chwinciad.

Dydw i ddim yn teimlo mor swil pan rwy'n gweld rhywun yn gwenu arna i.

Efallai dy fod ti'n adnabod rhywun sy'n swil weithiau.

Beth allet ti
ei wneud i'w
helpu?

Nodiadau ar gyfer rhieni ac athrawon

Gellir darllen y llyfr hwn naill ai gyda phlentyn yn unigol neu gyda grŵp o blant. Gofynnwch i'r plant edrych eto ar y lluniau ar dudalennau 4 a 5. Pa lun sydd yn disgrifio orau sut brofiad yw teimlo'n swil? A yw'r plant yn gallu meddwl am luniau eraill sydd yn disgrifio eu teimladau? Dylid annog y plant i ddefnyddio'r frawddeg 'Rwy'n teimlo mor swil â ...'.

Mae gwahanol sefyllfaoedd yn gallu gwneud i blant deimlo'n swil. Gellir trafod y rhain a phenderfynu beth yn union sydd yn achosi'r swildod hwnnw. Efallai eu bod yn pryderu y bydd rhywun yn gofyn iddynt wneud rhywbeth nad ydynt yn gallu ei wneud; efallai eu bod yn poeni am edrych yn wirion o flaen pobl eraill; neu efallai nad ydynt eisiau tynnu sylw atynt eu hunain.

Yn aml mae swildod yn gysylltiedig â theimladau eraill, fel cywilydd, pryder, ofn neu nerfusrwydd. Edrychwch eto ar y sefyllfaoedd sydd yn cael eu disgrifio yn y llyfr hwn, a gofynnwch i'r plant benderfynu pa emosiynau eraill, os oes rhai, sydd yn cael eu hamlygu yn ogystal â swildod.

Trafodwch sefyllfaoedd pan fo bod yn swil yn beth da. Er enghraifft, pan fo person yn llefain neu'n teimlo'n drist, mae ffrind sy'n swil yn debygol o roi gwell cysur na ffrind sy'n swnllyd. Yn ogystal, mae hi'n well aros yn dawel ac yn swil pan fo rhywun yn dweud y drefn wrthych yn hytrach na bod yn anghwrtais ac ateb yn ôl. Bydd hyn yn dangos i'r plant fod swildod yn gallu bod o fantais fawr i rywun weithiau.

Byddai modd i'r plant wneud casgliad o eiriau am deimladau sy'n rhai braf i'w teimlo (mewn un lliw) a diflas neu boenus i'w teimlo (mewn lliw arall). Er enghraifft, caredig, ofnus, drygionus, cas, eiddigeddus, blinedig, cariadus. Pa liw fyddai 'teimlo'n swil'?

Ar ddiwedd y stori nodir 'Beth allech chi ei wneud i'w helpu?' Gellir gofyn i'r plant feddwl am ffyrdd o helpu rhywun sy'n teimlo'n swil, er enghraifft, ceisio peidio â bod yn swnllyd neu'n arw; gofyn i blentyn swil ymuno mewn gemau; a bod yn gyfeillgar.

30

Gweithgareddau

Gellir gwneud nifer o dasgau o ddydd i ddydd a fydd yn debygol o helpu plant swil.

- Gwaith pâr – Dylid annog rhyngweithiad rhwng y plant drwy ofyn iddynt wneud gwahanol weithgareddau wrth weithio mewn pâr.

- Beth sy'n gyffredin? – Gellir rhannu'r plant yn barau er mwyn iddynt ddarganfod beth sy'n gyffredin rhyngddynt, er enghraifft hoff fwyd, diddordebau, hoff anifail. Bydd hyn yn rhoi hwb i hyder y plant swil.

- Arweinydd a dilynwr – Bydd modd rhoi'r plant i weithio mewn pâr, gydag un yn ymddwyn fel arweinydd a'r llall yn ymddwyn fel dilynwr wrth wneud gwahanol weithgareddau. Dylid cyfnewid rôl y ddau blentyn ar ôl ychydig er mwyn sicrhau bod pawb yn cael cyfle i arwain ac i ddilyn.

- Pero – Beth am gyflwyno aelod newydd i'r dosbarth? Tegan meddal yw Pero ac mae e'n gi bach swil iawn sy'n ofni dod allan o'i focs. Bydd pob plentyn yn cymryd ei dro i fynd â Pero gartref ar ôl ysgol. Yr ail ddiwrnod, bydd yn rhaid i'r plentyn hwnnw ddisgrifio i'r dosbarth sut y gwnaeth i Pero deimlo'n llai swil. Gellir gofyn i'r disgyblion ddangos ffotograffau neu luniau o'r hyn y gwnaethant y noson cynt.

Llyfrau eraill i'w darllen

Siwan yn mynd i sglefrio: Ian Whybrow a Rosie Reeve.
Addasiad Elin Meek   978 1 84323 809 6
Mae Bedwyr a Dwynwen yn edrych ymlaen yn fawr iawn at gael mynd i sglefrio ar y llyn rhewllyd. Ond dyw Siwan, eu chwaer fach, ddim mor frwd. Mae hi'n ofni y bydd hi'n disgyn ac yn brifo. Mae hi'n ofni cael ei gadael ar ôl. Ac mae hi'n ofni y bydd pawb yn chwerthin am ei phen. Tybed a fydd Siwan yn ddigon dewr i fentro sglefrio?

Betsan a'r bwlis: Jac Jones   978 1 85902 703 5
Mae Betsan yn llawn ofnau. Digon i'w rhwystro rhag mynd allan. Ond un diwrnod mae'n rhaid iddi adael y tŷ. Mae hi'n teimlo fel petai hi ar ei phen ei hun mewn byd o fwlis tan iddi gwrdd â'r bwlis mwyaf oll …

Pengwin: Polly Dunbar. Addasiad Dylan Williams ac Eleri Roberts.
978 1 84512 070 2
"Helô, Pengwin!" meddai Siôn. Ddywedodd Pengwin ddim byd.
"Fedri di ddim siarad?" holodd Siôn. Ddywedodd Pengwin ddim byd.
Beth sy'n rhaid i Siôn ei wneud i gael Pengwin i siarad?

Owain yn mynd i'r ysgol: Ian Whybrow ac Adrian Reynolds.
Addasiad Sioned Lleinau   978 1 84323 853 9
Mae Owain yn mynd i'r ysgol am y tro cyntaf. Er ei fod yn teimlo'n gyffrous, mae'n teimlo ychydig bach yn nerfus hefyd. Dyna lwcus fod ganddo lond bwced o ddeinosoriaid yn gwmni iddo. Ond tybed sut fydd Owain a'r deinosoriaid yn mwynhau'r diwrnod cyntaf yn yr ysgol?

Symud Sam: Jac Jones   978 1 84323 800 3
Beth yw'r gwahaniaeth rhwng Sam, ci'r teulu, a Gruff, brawd bach Gwennan?
Wel, fawr ddim a dweud y gwir, yn enwedig gan fod Gruff wrth ei fodd yn chwalu cathod a morio mewn mwd hefyd! Does dim yn well gan Sam a Gruff na thipyn bach o sylw …